自力で張家口

バスに揺られて

Tabisuru CHINA 007
鉄道と路線バスでゆく
張家口と塞外文化

自力旅游中国

Asia City Guide Production

【白地図】北京から張家口へ

CHINA
張家口

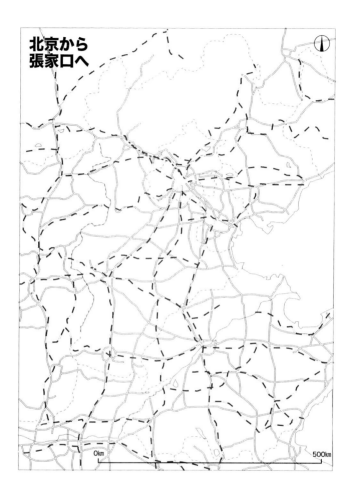

【白地図】北京市街

CHINA
張家口

【白地図】北京西駅

CHINA
張家口

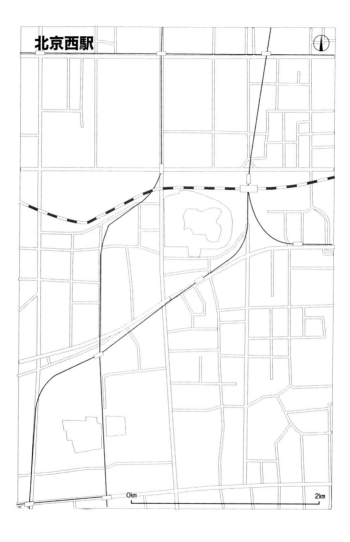

【白地図】張家口 5 大エリア

CHINA
張家口

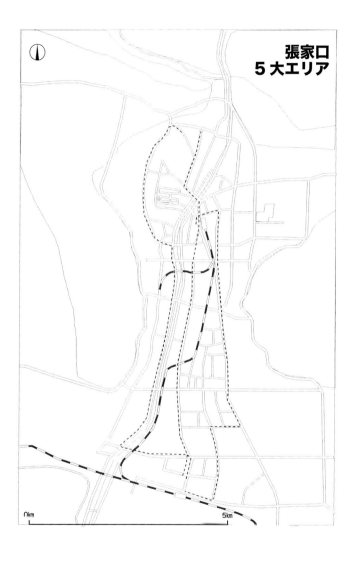

【白地図】歩こう張家口

CHINA
張家口

歩こう張家口

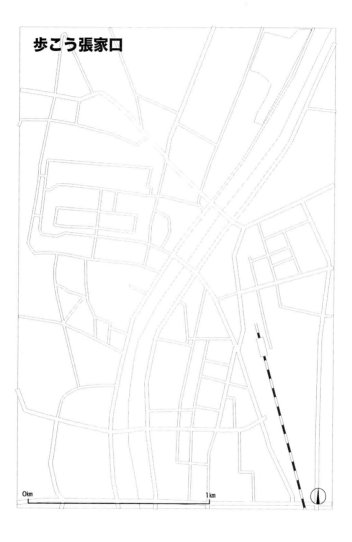

【白地図】張家口路線バス

CHINA
張家口

【白地図】張家口バスターミナル

CHINA
張家口

【白地図】宣化

CHINA
張家口

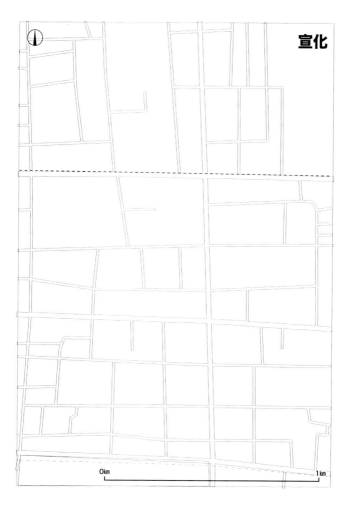

【白地図】張北

CHINA
張家口

張北

Zhangjiakou 白地図

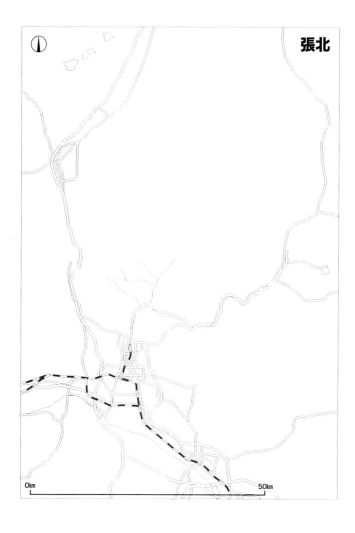

【白地図】崇礼県

CHINA
張家口

【旅するチャイナ】
001 バスに揺られて「自力で長城」
002 バスに揺られて「自力で石家荘」
003 バスに揺られて「自力で承徳」
004 船に揺られて「自力で普陀山」
005 バスに揺られて「自力で天台山」
006 バスに揺られて「自力で秦皇島」
007 バスに揺られて「自力で張家口」
008 バスに揺られて「自力で邯鄲」
009 バスに揺られて「自力で保定」
010 バスに揺られて「自力で清東陵」

CHINA
張家口

北京や上海と違って「張家口（チョウカコウ）」という街名からは、どこか普通の中国の街とは違う雰囲気が伝わってきます。中国の地名は「二文字」が多いのに、張家口は「三文字」だから？　それとも遠い記憶のなかに張家口という名前が残っているからでしょうか。

張家口について調べていくうちに、戦前（〜1945年）、この地には4万人もの日本人が暮らしていた、と知りました。満州国（1932〜45年）の建国に続いて、多くの日本人が海を渡り、「蒙疆」「内蒙古」といった言葉とともに語られてい

バスに揺られて
自力で張家口
Tabisuru CHINA 007

た「張家口」。

　そんな張家口も、21世紀に入って大きく変貌しているようです。スノーリゾートと、草原での遊牧民体験。「陸の港」と言われた張家口は今や「陸のリゾート地」とも言える様相です。今後、もっとも楽しみな中国の街のひとつ張家口へ、みなさまを誘いたいと思います。

【自力旅游中国】

Tabisuru CHINA 007 自力で張家口

目次

自力で張家口 …………………………………………… xxii

張家口どんなとこ？ …………………………………… xxvi

北京や各地から張家口へ ……………………………… xxxviii

張家口をざっくり把握 ………………………………… xlv

歩いてみよう張家口 …………………………………… lv

張家口で路線バスに乗ろう …………………………… lxv

宣化行ってみよう ……………………………………… lxxiv

歩こう触れよう宣化 …………………………………… lxxxiii

スノーリゾート崇礼県へ ……………………………… xciii

あとがき ………………………………………………… cii

【MEMO】

張家口
どんな
とこ？

CHINA
張家口

1429年、対モンゴルの最前線万里の長城そばに
張才が堡塁（張家口堡）を築いて小北門を張家口と呼びました
張家口という名前はここに由来します

北京から張家口

張家口は北京をぐるりととり囲む河北省の北西部に位置します。内蒙古自治区まで目と鼻の先。北京から早い鉄道だと3時間半。遅くても6時間程度。直通バスで4時間ほど。そして、今後、中国版新幹線が開通すると、なんと北京から張家口まで1時間以内に着くというのです。ここまで来ると、週末リゾート、日帰り旅行の行き先としても現実味を帯びてきます。後述しますが、張家口へはフフホト、大同、太原、石家荘など周囲の街から行く方法もあります。しかし、列車、バスともに抜群のアクセスは何と言っても北京〜張家口間。また張

家口からさらに内陸の内蒙古自治区フフホトへのアクセスはそれほど悪くありません。

モンゴル高原めざしてゆこう

北京から北西、北西へと伸びる街道。北京徳勝門から南口にいたり、居庸関、そして八達嶺長城を越えていきます。南口からは北京の華北平野から一段あがった台地上になり、その台地は懐来、宣化、そして張家口に続きます。張家口の先は、モンゴル高原。台地から高原へとさらに一段あがるその様子は「階段（第1段目＝北京の華北平原、第2段目＝八達嶺長

CHINA
張家口

城南から張家口の台地、第3段目＝張家口より北西のモンゴル高原)」にたとえられます。そして張家口からさらに北西に伸びる街道は、ウランバートル（モンゴル国）、キャフタ（ロシア連邦ブリヤート共和国）へといたります。キャフタまで来るとバイカル湖まで直線距離で160㎞。中国から、モンゴル、ロシアへと続く街道の「関門の街（モンゴル語でカルガン)」として発展してきたのが張家口なのです。

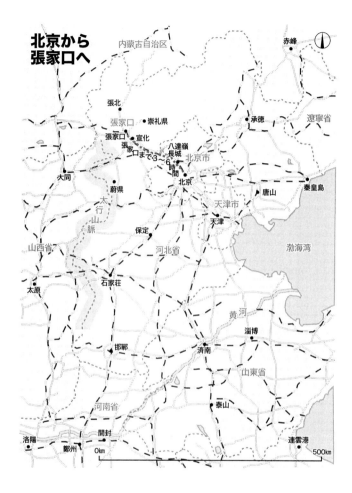

▲左　山の尾根上を走る万里の長城、大境門にて。　▲右　地元の人と肩をならべて料理を食べる

長城越えてまた長城

張家口の街の北側には万里の長城が走っています。北京で見た八達嶺長城（内長城）の北側に、もう1本万里の長城（外長城）が走っているのです。現在の万里の長城は明（1368〜1644年）代、モンゴル高原の遊牧民の侵入をふせぐために築かれたものです。そして明の首都のあった北京を防衛するため、北京とモンゴル高原のあいだには複数の防衛線がはられていたのでした。居庸関や八達嶺長城のものは内長城、張家口のものは外長城。そして、この外長城を越えた先はモンゴルの大草原が待っています。

【MEMO】

Zhangjiakou 張家口どんなとこ？

張家口

張家口？　カルガン？

モンゴルの遊牧地帯と漢族の農耕地帯をわけるのが、張家口北に位置する「大境門」。北のモンゴル側から見れば「大境門」が豊かな農耕地帯への入口にあたります。そのため、モンゴルでは張家口を「カルガン(関門)」と呼んでいたのでした。1869年にスエズ運河が開通するまで、喜望峰まわりのルートをとらなくてはいけなかったヨーロッパ人は、シルクロードをゆくキャラバン隊によって東方の物資を求めました。そのため、ヨーロッパでは張家口はモンゴル語の「カルガン(関門)」の名前が伝わり、同様に陸路経由で中国の特産品「茶」

張家口どんなとこ? Zhangjiakou

を輸入したロシアには、ティー(福建音)やチャ(広東音)ではなく、「チャイ(茶葉)」という音でこの飲みものの名前が伝わったのでした。

我想去
张家口南站

[見せる中国語]
wǒ xiǎng qù zhāng jiā kǒu nán zhàn
ウォシィアンチュウ・
チャンジィアコウナァンチャン
私は張家口（南駅）に行きたい

我想去
张家口

[見せる中国語]
wǒ xiǎng qù zhāng jiā kǒu
ウォシィアンチュウ・チャンジィアコウ
私は（バスで）
張家口に行きたい

[見せる中国語] 華北の街その1

北京 běi jīng
ベイジン

天津 tiān jīn
ティエンジィン

石家荘
shí jiā zhuāng
シィジィアチュゥオン

保定 bǎo dìng
バオディン

河北省
hé běi shěng
ハアベイシェン

[見せる中国語] 華北の街その2

呼和浩特

呼和浩特 hū hé hào tè
フウハェハオトォ

大同

大同
dà tóng
ダアトォン

内蒙古

内蒙古
nèi méng gǔ
ネイモングウ

山西省

山西省
shān xī shěng
シャンシイシェン

北京や各地から張家口へ

CHINA 張家口

張家口への起点となるのは何と言っても北京です
ただしこれが帯に短し襷に長しの距離感でもあります
旅のスタイルにあわせて交通手段を選びましょう

［アクセス情報］北京から張家口

・列車で。北京西駅から張家口南駅へ（1時間1本程度、所要3～6時間）

・列車の本数は多いが、便によって所要時間がまちまち

・近い将来、高速鉄道が通じるのだとか

・バスで。六里橋バスターミナル、北郊バスターミナルなどから張家口バスターミナルへ（70～75元で6～19時ごろまで。1時間に1～2本間隔）

・北京北西部の八達嶺長城や明十三陵からバスを乗り継いで行くという方法もある。懐来→宣化→張家口と乗り継いでいく

Zhangjiakou

北京や各地から張家口へ

[アクセス情報] 石家荘から張家口

・列車で。石家荘駅から張家口南駅へ（1日数本。所要6時間半〜9時間）
・バスで。石家荘客運総バスターミナルから張家口バスターミナルへ（1日数本、7時間）

[アクセス情報] 大同から張家口

・列車で。大同駅から張家口南駅へ（1日数本。所要2時間半〜3時間半）
・バスで。大同バスターミナルから張家口バスターミナルへ（1

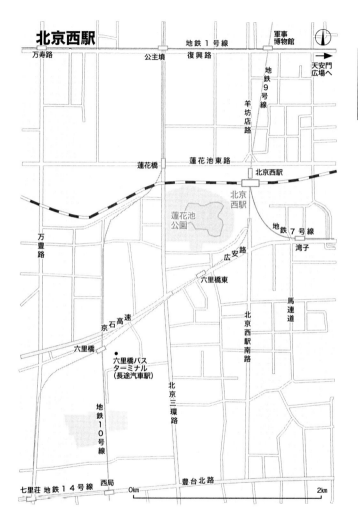

張家口

日数本。所要3時間半)

[アクセス情報] フフホトから張家口

・列車で。呼和浩特駅から張家口南駅へ(1〜2時間に1本、所要3〜7時間)
・バスで。呼和浩特市バスターミナルから張家口バスターミナルへ(1〜2時間に1本、所要4時間)

Zhangjiakou 北京や各地から張家口へ

今回の旅程

ここで今回の旅程を記しておきたいと思います。北京郊外や河北省のアクセス情報を調査するため、河北省、明十三陵、八達嶺長城などを、ぐるぐるとまわりながら旅しました。そして、八達嶺長城から延慶、延慶から懐来、懐来から宣化、宣化から張家口というように普通の路線バスを乗り継いで張家口まで旅したのでした。延慶を経由したこともあって、とても時間がかかる！　バスを乗り継いで、途中、バスを待ちながら屋台で昼食。また乗り継いで、という行程でした。たしか昌平を昼12時ごろ出ているのに、張家口に着いたとき

CHINA
張家口

すっかり夜に・・・。そのため、北京〜張家口を走る高速バス、あるいは鉄道というのが、停まる駅やバス停などもふくめて「どれほど便利なものか」と痛感させられたのでした。そして、張家口では北駅〜南駅間、展覧館〜大境門、張家口〜宣化などの場所はすべて路線バスでまわり、水母宮、霊泉寺など郊外の場所へはタクシーに乗って調査するというかたちをとりました。そのため、今回のレポートは、1，実際に自分で路線バスに乗って調査したもの、2，タクシーや駅で見て調査したもの、3，公式ページで発表されているものをふくむ伝聞情報から構成されています。

張家口を
ざっくり
把握

南北に長細い張家口の街
鉄道は張家口南駅に着きますが
街の見どころは北側に集中しています

張家口にはふたつの駅がある

まず頭に入れておきたいのが、張家口は「南北にものすごく長い街」ということです。北側が旧市街で、南側が新市街です。そして、各地から列車が着くのは新市街にある張家口南駅です（かつての北駅は旅行者用の列車は運行していません）。そのため、見どころの集まる北の旧市街へは南駅から路線バスに乗って行かなければなりません。街の雰囲気を考えても、観光へのアクセスを考えても、旧市街側に宿泊するのをおすすめします。一方、バスで張家口に着いた場合は、かつて張家口の西門にあたった「平門」近くの張家口バスターミナル

CHINA
張家口

(张家口市汽车客运总站) が起点となります。各地へのバス
が出ているのもここです。

張家口５大エリア

さて旅人が憶えておくべき、街歩きに便利な張家口５大エリ
アを紹介します。まず第１に北京からの鉄道が着く「張家口
南駅」、第２にホテルやレストランなどが集まる「張家口北
駅（張家口駅を、わかりやすく張家口北駅と表記します）」、
第３に清河橋をはさんで張家口北駅のちょうど対岸で路線バ
スの集まる「張家口市展覧館（張家口堡）」、第４に万里の長

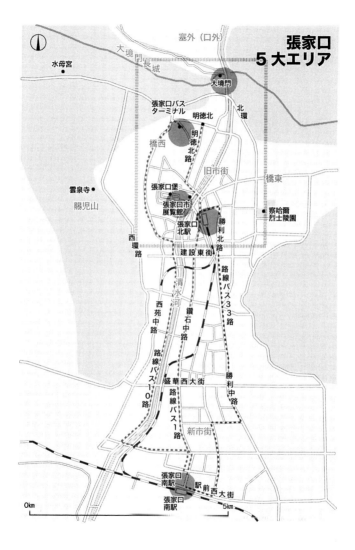

CHINA
張家口

城が走る「大境門」、第5に「張家口バスターミナル」です。ホテルをとるなら、第2の「張家口北駅」か、第3の「張家口市展覧館」界隈がおすすめ。そして第5の「張家口バスターミナル」は古都宣化やスキーリゾートで知られる崇礼県へのアクセス・ポイントにもなっています。

[アクセス情報] 張家口南駅〜北駅へのアクセス

張家口に着いたらならば、まず旧市街の北駅に行かなくてはなりません。ふたつの駅は7kmほど離れています。バスで30分はかからないぐらいの距離でしょうか？ 路線バス

▲左　街歩きの起点の張家口市展覧館、張家口堡もすぐ。　▲右　夜、屋台が出ていた

1路、33路を利用します。この路線バスは張家口では「必須とも言えるアクセス」となりますので、最初に記しておきたいと思います。

・1路（張家口南駅～北駅～明徳北）。始発の南駅から乗って北駅で途中下車。1路の乗り場は南駅から少しだけ北側に位置する

・33路（張家口南駅～張家口北駅）。始発が南駅で終点が北駅

・10路（張家口南駅～張家口バスターミナル）。始発が南駅で終点がバスターミナル

・調査時点では乗車費用1元～。間隔は10～20分間隔

CHINA
張家口

[DATA] 路線バス1路

・張家口南駅～張家口北駅～明徳北

・張家口南駅の始発5時40分、最終21時発。明徳北の始発6時15分、最終21時30分

・火車南站 火車南站～交通局 交通局～機械工業学校 机械工业学校～老鴉荘 老鸦庄～老鴉荘北 老鸦庄北～北方学院 北方学院～鑽石南路北口 钻石南路北口～審計局 审计局～高廟北 高庙北～工業南横街口 工业南横街口～新街坊小区 新街坊小区～公交総公司 公交总公司～鑽石北路南口 钻石北路南口～煙廠 烟厂～鉄道南街 铁道南街～菜園街 菜园街～南

張家口をざっくり把握 Zhangjiakou

口 南口〜商務北横街口 商务北横街口〜鉄道北駅 火车北站〜展覧館 展览馆〜新華街 新华街〜玉帯橋 玉带桥〜蒙古営 蒙古营〜明徳北 明徳北

我想去
張家口北站

[見せる中国語]
wǒ xiǎng qù zhāng jiā kǒu běi zhàn
ウォシィアンチュウ・チャンジィアコウベイチャン
私は張家口北駅に行きたい

我想去
张家口堡

[見せる中国語]
wǒ xiǎng qù zhāng jiā kǒu bǎo
ウォシィアンチュウ
チャンジィアコウバオ
私は張家口堡に行きたい

歩いて
みよう
張家口

張家口の真んなかを流れる清水河
その東側を橋東、西側を橋西と言います
張家口北駅から旧市街の張家口堡までは充分歩けます

歩こう橋東〜橋西間

さて旧市街に到着しました。張家口の見どころはほとんどがこの旧市街とそこから行く郊外に分布しています。張家口では清水河をはさんで橋の東と、橋の西で行政区がわけられています。橋東にホテルの集まる「張家口北駅」、レストランも多い「怡安街」が位置し、橋西に路線バスの集まる「展覧館」と旧市街中の旧市街「張家口堡」が位置します。清水河をまたいでこの両者は歩ける距離です。張家口北駅から張家口堡の鼓楼まで直線距離で900m。なので徒歩10分強です。この両者が歩けると観光や路線バスでの移動ともにとっても

CHINA
張家口

便利になりますので、まずは歩いて張家口の街をざっくり把握しましょう。とくに張家口堡は、いわゆる立派な中国の県城ではなく、ごみごみとした感じのなか、昔ながらの華北の街並みが見られます。

歩こう怡安街

張家口の街歩きで張家口堡に続いておすすめなのが怡安街です。張家口堡が中国商人たちの街なら、こちらの怡安街は戦前、日本人が多く見られた街だからです。橋東は「新開地」とされ、怡安街は「浅草を思わせる」といった記録も残って

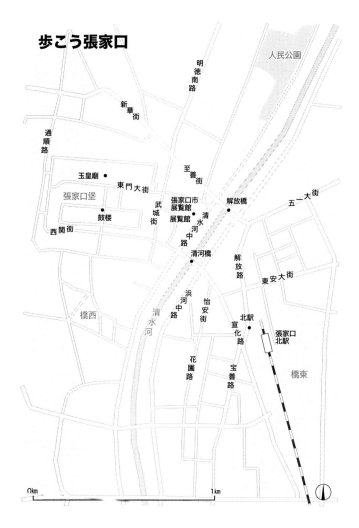

います。張家口に着いてから、最初の夜はこの怡安街で食事をとりました。昔はジンギスカン料理などの店舗があったと書いてありましたが、今でも路端で焼くケバブやモンゴル料理の店がいくつか見られました。そうここ張家口はモンゴル、回族といった人びとの文化も色濃く残る街なのです。

［DATA］**張家口堡** 张家口堡
zhāng jiā kǒu bǎo チャンジィアコウバオ

・街自体は 24 時間
・張家口北駅から 900m、徒歩 12 分

▲左　細い路地が続く張家口堡、ぜひとも歩きたい。　▲右　串焼きを焼いて客に出す、怡安街界隈にて

・アクセス起点になるのは「展覧館」、路線バス1路、2路などが走る

・調査時点では無料だったが、有料という情報もあり

[DATA] 怡安街 怡安街 yí ān jiē イイアンジエ

・街自体は24時間

・レストランがならぶ

・張家口北駅から450m、徒歩6分。張家口堡まで900m、徒歩12分

我想去大境门

[見せる中国語]
wǒ xiǎng qù dà jìng mén
ウォシィアンチュウ・ダアジィンメン
私は大境門に行きたい

我想去水母宮

[見せる中国語]
wǒ xiǎng qù shuǐ mǔ gōng
ウォシィアンチュウ・シュイムウゴォン
私は水母宮に行きたい

我想去云泉寺

[見せる中国語]
wǒ xiǎng qù yún quán sì
ウォシィアンチュウ・ユゥンチュゥエンスウ
私は雲泉寺に行きたい

我想去察哈尔都统署旧址

[見せる中国語]
wǒ xiǎng qù
chá hā ěr dū tǒng shǔ jiù zhǐ
ウォシィアンチュウチャァハアァァドゥトォンシュウジィウチイ
私は察哈爾都統署旧址に行きたい

我想去
展览馆

[見せる中国語]
wǒ xiǎng qù zhǎn lǎn guǎn
ウォシィアンチュウ
チャンラァングゥアン
私は展覧館に行きたい

張家口で
路線バス
に乗ろう

張家口のバスは1元から
とっても安くて便利
路線バスが観光に大活躍します

路線バスでゆく張家口

張家口を代表する観光地は、街の中心から少し離れています。絶対にはずせない3つの観光地はいずれも少し離れていますので、路線バスに乗って行きましょう。決まったバス停で降りるのは少しわかりづらいかもしれませんので、よろしければバス車内などで［見せる中国語］をお使いください。これら観光地への起点になるのが展覧館で、大境門へは16路。水母宮へは13路、雲泉寺へは9路で行きます。また水母宮と霊泉寺は、タクシーでまわるというのもありでしょう。そんなに距離はないのでそこまで高くはなりません。

張家口

憶えていて得する路線バス

・路線バス1路、張家口南駅～北駅～明徳北を結ぶ

・路線バス2路、張家口北駅～張家口バスターミナルそばの平門を結ぶ

・路線バス13路、展覧館～水母宮（終点）を結ぶ

・路線バス9路、展覧館すぐそばの郵電楼から雲泉寺最寄りの賜児山（弘鼎荘園）を結ぶ

・路線バス9路、展覧館すぐそばの郵電楼から烈士陵園を結ぶ

・路線バス10路、張家口南駅と張家口バスターミナルを結

▲左 大境門と張家口市街を結ぶ路線バス。 ▲右 1路、2路、6路がここに停車する

ぶ

・路線バス16路、展覧館〜大境門を結ぶ

・路線バス33路、張家口北駅〜南駅を結ぶ

[DATA] 路線バス16路

・張家口市街と大境門（口外東窯子）の約3.5kmの道を結ぶ

・展覧館と張家口北駅のあいだをぐるりとまわって出発

・西甸子の始発7時、最終19時30分。展覧館の始発6時30分、最終19時

・展覧館 展览馆〜張家口北駅 火车北站〜長青路（口腔医院）

張家口

长青路（口腔医院）～附属医院 附属医院～中学街 中学街～職教中心 职教中心～榆樹街 榆树街～東花園小区 东花园小区～通泰橋 通泰桥～口外東窯子 口外东窑子～～～～～西甸子 西甸子

[DATA] **大境門** 大境门 dà jìng mén **ダアジィンメン**

・朝7時半～夕方17時ごろ

・10元

・大境門から大境門長城が伸びている

・16路で展覧館（展览馆）・北駅（北站）～口外東窯子（口

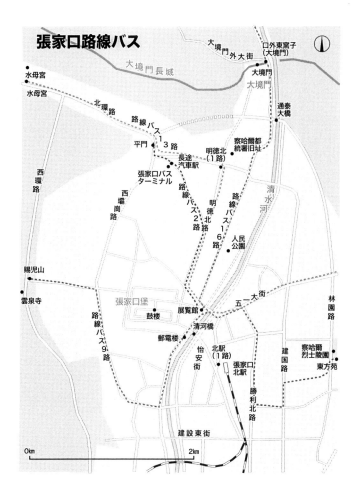

張家口

外东窑子)。口外東窯子が大境門（大境门）
- 16路は展覧館から北駅をぐるりと一周してまた北へ向かう
- [伝聞情報]大境門から霊泉寺行きの32路もある。賜児山(赐儿山)～西溝（西沟）の便で、大境門は西溝のひとつ手前のバス停

[DATA] **水母宮 水母宫 shuǐ mǔ gōng シュイムウゴォン**
- 朝8時〜夕方17時ごろ
- 10元
- 敷地は結構広大で、地下長城なんていう見どころもある

・13路で展覧館（展览馆）〜水母宮（水母宫）（終点ひとつ手前）

・タクシーで水母宮、霊泉寺をまわってもらうと楽

［DATA］雲泉寺 云泉寺 yún quán sì ユゥンチュゥエンスウ

・朝8時〜夕方17時ごろ

・10元

・伽藍は山に展開するので、のぼっていくのは結構骨がおれる

・［伝聞情報］路線バス32路で大境門は終点西溝の一個手前。賜児山（赐儿山）〜西溝（西沟）

・路線バス9路で展覧館すぐ南の郵電楼(邮电楼)〜賜児山(赐儿山)［終点］

察哈爾都統署旧址も復活

長らく荒れていた清代からの衙門の察哈爾都統署旧址も近年改修されました。この察哈爾都統署旧址は張家口ではめずらしい四合院様式の中国の伝統建築となっています。路線バス1路で終点の明徳北からすぐ。交差点からやや込み入った場所に位置しています（よろしければ［見せる中国語］をどうぞ）。

[見せる中国語]
wǒ xiǎng qù qì chē kè yùn zǒng zhàn
ウォシィアンチュウ
チイチャアカアユゥンツォンチャン
私は張家口バスターミナルに行きたい

我想去
汽车客
运总站

宣化行ってみよう

CHINA
張家口

実は張家口以上に見どころ満載なのが宣化です
街の四方をとり囲む城塞
堂々とした楼閣がならぶ様子は圧巻です

宣化は古都

さて張家口まで来たなら、ぜひともおすすめしたいのが張家口の南東25 kmにある宣化です。この（察哈爾）地方の中心は今でこそ張家口ですが、もともと宣化が中心地で、張家口は宣化の北を走る万里の長城の最前線に構えられた軍事要塞（張家口堡）だったと言います。そのため、城市のつくりや華麗さでは、宣化は張家口の一枚も二枚もうえを行っていると言えます。街の中心には鎮朔楼、清遠楼といった見事な楼閣が立ち、張家口堡の数倍の規模をもつ城壁が残っているのです。仏教寺院や回教寺院などの文化遺跡も実は張家口より

も、宣化のほうが多いのです。

もうひとつ宣化の魅力

宣化の魅力をもうひとつ。はじめて西安を訪れたときのことです。西安の城壁の、高さ、威圧感、たたずまいに度肝を抜かれたものでした。ちょうど北京の故宮のチケット売り場がある午門で観る城壁を思い出してください。中国の「城市」は天守閣をもつ日本の城と違って、街そのものを「城」と呼ぶことは有名です。しかし、北京をはじめとする都市では交通の便を考えて、城壁は撤去され、西安、平遙、宣化をはじ

【MEMO】

CHINA
張家口

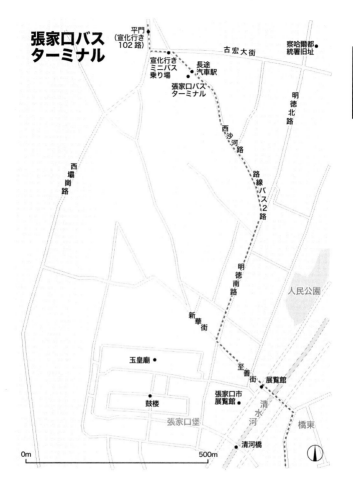

CHINA
張家口

めとした街に、中国古来の城壁が保存状態よく残っていると言います。張家口への旅は、西安、そして世界遺産の平遙とならんで語られることもある宣化に出合える旅でもあるのです（ちなみに現在、中国各地で城壁の再整備が進み、今では蘇州などでも城壁が再現されています）。

日帰りで行けます

では宣化はどうやっていけばよいの？？　とても簡単です。張家口と宣化を結ぶ路線バスが出ていますし、車で走って1時間もかかりません。優に日帰りできちゃう距離なんです。

▲左　宣化や崇礼県へはここから、張家口バスターミナル。　▲右　堂々とした様子の宣化の城壁

宣化へは「張家口バスターミナル」近くの平門が宣化への足がかりになります。102路という路線バスが張家口と宣化を結んでいるようですが、ここでは実際に乗ったミニバスについてご紹介します。張家口と宣化のあいだの人の往来ははげしく、路線バスのほかに、両者を往来するミニバスが走っています。乗り場は「張家口バスターミナル」から少しだけ離れています。そこで人が集まったら出発する方式の20人乗りほどのミニバス。すぐに人は集まり、宣化へ向かって出発していました。もちろんぎゅうぎゅう詰めです。

我想去宣化

[見せる中国語]
wǒ xiǎng qù xuān huà
ウォシィアンチュウ・シュゥエンフゥア
私は宣化に行きたい

我想去
张家口

[見せる中国語]
wǒ xiǎng qù zhāng jiā kǒu
ウォシィアンチュウ・チャンジィアコウ
私は張家口に行きたい

我想看五龙壁

[見せる中国語]
wǒ xiǎng kàn wǔ lóng bì
ウォシィアンカン・ウウロォンビイ
私は五龍壁が見たい

歩こう
触れよう
宣化

昼のあいだ観光地が閉まってしまう
というなんとも残念な一面もある宣化
そのためまわりかたには気をつけましょう

宣化に着いた！

宣化のバスターミナルは街の東側にあり、張家口方面から来たバスは、西側から宣化城に入って鐘楼大街をひたすら東へ。東の端にある宣化バスターミナルに着きます。旅行者が降りるべきは、その手前の「鐘楼」です。ずいぶんと立派な楼閣が見えるので視認できるはずです。鐘楼（清遠楼）はちょうど街の中軸線にあたり、そこから有名どころは歩いてまわることが可能です。この宣化の中軸線には清遠楼（鐘楼）、および鎮朔楼（鼓楼）などが立ち、清遠路が走っています。その清遠路には観光客向けカートも走っていました。

CHINA
張家口

宣化観光で注意すべきこと

さてここまで宣化を絶賛してきましたが、宣化で注意しなくてはならないことがひとつあります。それは昼のあいだ観光地が開いていないということです（調査時点の話）。これはやや致命的に思いますが、こんなに観光資源がある街でなぜにこの対応？？　と思ったものです。しかし、ほとんど外国人の姿は見なかったので、観光資源があるのに、観光地化されていない魅力ある街こそ宣化と言えそうです。そこで宣化観光では観光順位をつけなくてはなりません。ずばり第1位は「宣化博物館」です。博物館が1位？　と思われるかもし

歩こう触れよう宣化

れませんが、元は察哈爾省民主政府だったというレトロな四合院建築を体感できるのです。これをなんとか時間内に見るようにしましょう。清遠楼、鎮朔楼、拱極楼なども時間の制限がありますので、重要ですが、上記3つは旅人的にどれかひとつを最低抑えておこうという感じになります。

CHINA
張家口

宣化ベスト5

1位、宣化博物館(昼閉館)

2位、清遠楼(昼閉館)

3位、鎮朔楼(昼閉館)

4位、清真南寺

5位、五龍壁

時間を有効に使おう

さて宣化博物館、清遠楼、鎮朔楼に時間の制限があるとなると、これらが開館していない時間にほかのものをまわってし

CHINA
張家口

まいましょう。清真南寺、五龍壁、時恩寺です。そして、宣化の目玉のひとつ五龍壁は宣化職業技術学校のキャンパス内にあります。敷地が広大なのに対して、門が奥まったところにありややわかりにくいので、ご注意ください。門番のおじさんに「五龍壁を見たい」という旨を伝えると、通してもらうことができます（学校の行事などで見れなくなることもあるのでご注意ください）。もともと五龍壁は彌陀寺の障壁で、寺院が学校に土地をゆずったため、こういう事情になったようです。

▲左　見事な彫刻が見られる五龍壁。　▲右　伝統的な中国の城郭都市の面影を残す宣化

[DATA] **宣化博物館** 宣化博物馆
xuān huà bó wù guǎn シュゥエンフゥアボオウウグゥアン

・午前9時〜11時半、午後15時〜17時半（9月1日〜5月31日までは午前9時〜11時半、午後14時半〜17時）開館

・月曜日休み

[DATA] **鎮朔楼** 镇朔楼 zhèn shuò lóu チェンシュゥオロウ

・午前9時〜11時半、午後15時〜17時半

・5元

張家口

[DATA] 清遠楼 清远楼 qīng yuǎn lóu チィンユゥエンロウ

・午前9時〜11時半、午後15時〜17時半

・5元

[DATA] 五龍壁 五龙壁 wǔ lóng bì ウウロォンビイ

・宣化職業技術学校内にある

・学校が開いているときに入口で「五龍壁を見たい」と告げると通してもらえる

・調査時点では無料

Zhangjiakou 歩こう触れよう宣化

宣化内の移動から再び張家口へ

さてこれらはすべて徒歩でまわることができます。また食事どころも清遠路界隈に集まっています。そのため歩いてもサクサクまわれることでしょう。1日あればたっぷり、半日でもそこそこ満足の観光ができると思います。そして、張家口に宿をとっているなら帰らなくてはなりません。行きと同様に帰りも、鐘楼から張家口行きのバスが出ています。102路もありますし、ミニバスもあります。1日余裕をもってのショートトリップで「こんなに楽しめる街はない」というのが宣化なのです。

スノー
リゾート
崇礼県へ

今後大注目なスノーリゾートを抱える崇礼県
張家口のバスターミナルから便があるほか
北京からの便も出ています

最後にスノーリゾート崇礼県

2022年の冬季オリンピック開催地に張家口は北京とともに立候補。張家口の名を一気に押しあげることになったこの立候補を受けて、現在、崇礼県は猛烈な勢いでインフラ整備が進んでいるようです。張家口市街から北東40kmの崇礼県、なかでも太子城の周辺にいくつものスノーリゾートが集まり、万龍滑雪場、多楽美地滑雪度場、長城嶺滑雪場、翠雲山滑雪場らを擁するその規模は中国有数。しかも北京から近いとなると、これは魅力的です。そこで現在、確認できた北京と張家口から崇礼県へのアクセス情報を記しておきたいと思います。

CHINA
張家口

張家口から崇礼県へゆこう

崇礼県へは張家口バスターミナル（張家口长途汽车站）からバスが出ています。本数は少なくはないという程度でした。張家口市街から50 km北東の崇礼県まで15 ～ 20元程度の料金で、崇礼県から各地のスノーリゾートへ乗り換えることになります。崇礼県から東に10 ～ 20 kmの距離にいくつかの有名スノーリゾート地がありますが、北から長城嶺滑雪場、翠雲山滑雪場、万龍滑雪場、多楽美地滑雪度場の４つのリゾート地をあげておきたいと思います。そして、これらのスノーリゾートへのアクセス拠点になるのが太子城村です。

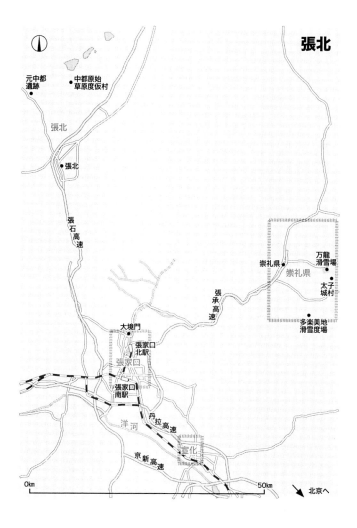

【MEMO】

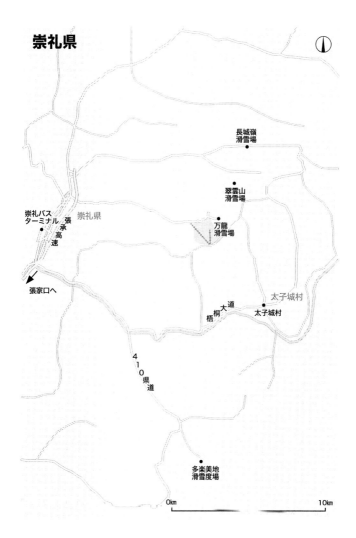

CHINA
張家口

北京から直接、崇礼県へゆこう

さてこちらは実際に乗ってはいないので、伝聞情報になりますが、崇礼県のホームページには「万龍滑雪場へは北京馬甸橋から直接バスに乗って行ける」という記述がありました(多楽美地滑雪度場への直通便はないようです)。張家口や崇礼県方面へは、北京馬甸橋、北郊長途バスターミナルが起点になっていて、現在、高速鉄道はじめ、北京〜崇礼県のあいだの交通インフラ整備が急速に進んでいるようです。周囲にスノーリゾートがたくさんある崇礼県太子城への、北京からのアクセスも今後劇的に変わると予想されます。

Zhangjiakou

スノーリゾート崇礼県へ

北京へ帰ろう

さて北京への帰り道です。張家口には北駅と南駅のふたつがあります。そして北駅では切符を買うことはできるけど、乗る便はすべて張家口南駅から出ています（実質、張家口南駅のみが生きている）。そのため路線バス1路、33路などで張家口北駅から南駅へと移動しなくてはなりません。時間を上手に使うということを考えると、張家口から北京へはなんとも微妙な距離。日中4〜6時間の移動って旅人にとってはもったいものです。そのため、張家口調査の旅程では、北京を飛ばして河北省北西部の張家口から河北省南部の邯鄲まで夜行

CHINA
張家口

列車を利用しました。夜、張家口南駅を出発した列車は、翌朝、邯鄲のホームへ。そんなふうにお金と時間を上手に使って、素敵な旅をお楽しみいただけたらと思います。

【MEMO】

張家口

あとがき

　インドやイスラム世界などにくらべると、中国の公共交通の発達ぶりと時間の正確さに舌をまく人は多いかもしれません。けれども、この張家口方面の旅に関しては、それまでの中国での常識より、インドやイスラム世界的な常識が役だったのを憶えています。

　第一に、北京から張家口まで距離は同じなのに、乗る列車やバスで所要時間が全然違う。何分間隔で列車やバスが来ると書きたいのに、朝と夕方しか便がない。人びとの足として

あとがき

ミニバスが結構乗られていて、○○分出発と断言できない（人が集まったら出発）。ということに何度か出合ったからです。

　世界を旅すると日本や中国沿海部のほうが例外的に進んでいるということはわかるのですが、こうした想いを北京からわずかの距離にある張家口でするとは予想だにしませんでした。一般的に観光地となっている上海、蘇州、杭州などと違って、街の名前や存在は日本人にとって大きいのに、中国では日本人にとってほどの観光地ではない。といったときにこうした自体がしばしば起こりました（同様の思いを天台山でしました）。

CHINA
張家口

　2022年の冬季オリンピックに北京とともに張家口が立候補し、今、急速なインフラ整備が進んでいるというニュースを耳にします。張家口でオリンピックが行なわれるなら、ぜひともこの目で見てみたい。あの張家口で、白銀の世界のなか、アスリートたちが競技を競う。少し前まで、そんなことを想像できた日本人が一体どれほどいたでしょうか。

2015年6月9日　たきざわ旅人

Zhangjiakou | あとがき

参考資料

共同研究「日本文化形成と戦争の記憶」発表レジュメ(国際日本文化研究センター)http://www.nichibun.ac.jp/~zaigai/lu.pdf
张家口旅游政务网(中国語)http://www.zjktour.gov.cn/
张家口公交信息网(中国語)http://www.zjkbus.com/
张家口市・宣化区ガバメントweb(中国語)http://www.zjkxuanhua.gov.cn/
オープンストリートマップ http://www.openstreetmap.org/
[PDF]張家口STAY(ホテル&レストラン情報)http://machigotopub.com/pdf/zhangjiakoustay.pdf

まちごとパブリッシングの旅行ガイド

Machigoto INDIA , Machigoto ASIA , Machigoto CHINA

【北インド - まちごとインド】

001 はじめての北インド
002 はじめてのデリー
003 オールド・デリー
004 ニュー・デリー
005 南デリー
012 アーグラ
013 ファテープル・シークリー
014 バラナシ
015 サールナート
022 カージュラホ
032 アムリトサル

【西インド - まちごとインド】

001 はじめてのラジャスタン
002 ジャイプル
003 ジョードプル
004 ジャイサルメール
005 ウダイプル
006 アジメール（プシュカル）
007 ビカネール
008 シェカワティ
011 はじめてのマハラシュトラ
012 ムンバイ
013 プネー
014 アウランガバード
015 エローラ
016 アジャンタ
021 はじめてのグジャラート
022 アーメダバード
023 ヴァドダラー（チャンパネール）
024 ブジ（カッチ地方）

【東インド - まちごとインド】

002 コルカタ
012 ブッダガヤ

【南インド - まちごとインド】

001 はじめてのタミルナードゥ
002 チェンナイ
003 カーンチプラム
004 マハーバリプラム
005 タンジャヴール
006 クンバコナムとカーヴェリー・デルタ
007 ティルチラパッリ
008 マドゥライ
009 ラーメシュワラム
010 カニャークマリ
021 はじめてのケーララ
022 ティルヴァナンタプラム
023 バックウォーター（コッラム〜アラップーザ）
024 コーチ（コーチン）
025 トリシュール

【ネパール - まちごとアジア】

001 はじめてのカトマンズ
002 カトマンズ
003 スワヤンブナート

004 パタン
005 バクタプル
006 ポカラ
007 ルンビニ
008 チトワン国立公園

【バングラデシュ - まちごとアジア】

001 はじめてのバングラデシュ
002 ダッカ
003 バゲルハット（クルナ）
004 シュンドルボン
005 プティア
006 モハスタン（ボグラ）
007 パハルプール

【パキスタン - まちごとアジア】

002 フンザ
003 ギルギット（KKH）
004 ラホール
005 ハラッパ
006 ムルタン

【イラン - まちごとアジア】

001 はじめてのイラン
002 テヘラン
003 イスファハン
004 シーラーズ
005 ペルセポリス
006 パサルガダエ（ナグシェ・ロスタム）
007 ヤズド
008 チョガ・ザンビル（アフヴァーズ）
009 タブリーズ
010 アルダビール

【北京 - まちごとチャイナ】

001 はじめての北京
002 故宮（天安門広場）
003 胡同と旧皇城
004 天壇と旧崇文区
005 瑠璃廠と旧宣武区
006 王府井と市街東部
007 北京動物園と市街西部
008 頤和園と西山
009 盧溝橋と周口店
010 万里の長城と明十三陵

【天津 - まちごとチャイナ】

001 はじめての天津
002 天津市街
003 浜海新区と市街南部
004 薊県と清東陵

【上海 - まちごとチャイナ】

001 はじめての上海
002 浦東新区
003 外灘と南京東路
004 淮海路と市街西部
005 虹口と市街北部
006 上海郊外（龍華・七宝・松江・嘉定）
007 水郷地帯（朱家角・周荘・同里・舟直）

【河北省 - まちごとチャイナ】

001 はじめての河北省
002 石家荘
003 秦皇島
004 承徳
005 張家口
006 保定
007 邯鄲

【江蘇省 - まちごとチャイナ】

001 はじめての江蘇省
002 はじめての蘇州
003 蘇州旧城
004 蘇州郊外と開発区
005 無錫
006 揚州
007 鎮江
008 はじめての南京
009 南京旧城
010 南京紫金山と下関
011 雨花台と南京郊外・開発区
012 徐州

【浙江省 - まちごとチャイナ】

001 はじめての浙江省
002 はじめての杭州
003 西湖と山林杭州
004 杭州旧城と開発区
005 紹興
006 はじめての寧波
007 寧波旧城
008 寧波郊外と開発区
009 普陀山
010 天台山
011 温州

【福建省 - まちごとチャイナ】

001 はじめての福建省
002 はじめての福州
003 福州旧城
004 福州郊外と開発区
005 武夷山
006 泉州
007 廈門
008 客家土楼

【広東省 - まちごとチャイナ】

001 はじめての広東省
002 はじめての広州
003 広州古城
004 天河と広州郊外
005 深圳（深セン）
006 東莞
007 開平（江門）
008 韶関
009 はじめての潮汕
010 潮州
011 汕頭

【遼寧省 - まちごとチャイナ】

001 はじめての遼寧省
002 はじめての大連
003 大連市街
004 旅順
005 金州新区

006 はじめての瀋陽
007 瀋陽故宮と旧市街
008 瀋陽駅と市街地
009 北陵と瀋陽郊外
010 撫順

【重慶 - まちごとチャイナ】

001 はじめての重慶
002 重慶市街
003 三峡下り（重慶〜宜昌）
004 大足

【香港 - まちごとチャイナ】

001 はじめての香港
002 中環と香港島北岸
003 上環と香港島南岸
004 尖沙咀と九龍市街
005 九龍城と九龍郊外
006 新界
007 ランタオ島と島嶼部

【マカオ - まちごとチャイナ】

001 はじめてのマカオ
002 セナド広場とマカオ中心部
003 媽閣廟とマカオ半島南部
004 東望洋山とマカオ半島北部
005 新口岸とタイパ・コロアン

【Juo-Mujin（電子書籍のみ）】

Juo-Mujin 香港縦横無尽
Juo-Mujin 北京縦横無尽
Juo-Mujin 上海縦横無尽

【自力旅游中国 Tabisuru CHINA】

001 バスに揺られて「自力で長城」
002 バスに揺られて「自力で石家荘」
003 バスに揺られて「自力で承徳」
004 船に揺られて「自力で普陀山」
005 バスに揺られて「自力で天台山」
006 バスに揺られて「自力で秦皇島」
007 バスに揺られて「自力で張家口」
008 バスに揺られて「自力で邯鄲」
009 バスに揺られて「自力で保定」
010 バスに揺られて「自力で清東陵」
011 バスに揺られて「自力で潮州」
012 バスに揺られて「自力で汕頭」
013 バスに揺られて「自力で温州」

【車輪はつばさ】
南インドのアイラヴァテシュワラ寺院には建築本体に車輪がついていて寺院に乗った神さまが人びとの想いを運ぶと言います。

・本書はオンデマンド印刷で作成されています。
・本書の内容に関するご意見、お問い合わせは、発行元の
　まちごとパブリッシング info@machigotopub.com までお願いします。

Tabisuru CHINA 007
バスに揺られて「自力で張家口」
〜自力旅游中国［モノクロノートブック版］

2017年11月14日　発行

著　者	「アジア城市（まち）案内」制作委員会
発行者	赤松　耕次
発行所	まちごとパブリッシング株式会社
	〒181-0013　東京都三鷹市下連雀4-4-36
	URL http://www.machigotopub.com/
発売元	株式会社デジタルパブリッシングサービス
	〒162-0812　東京都新宿区西五軒町11-13
	清水ビル3F
印刷・製本	株式会社デジタルパブリッシングサービス
	URL http://www.d-pub.co.jp/

MP177

ISBN978-4-86143-311-5 C0326　　　　Printed in Japan
本書の無断複製複写（コピー）は、著作権法上での例外を除き、禁じられています。